LA
PEINTURE A L'HUILE
APPRISE SEUL
pour UN franc

OUVRAGE ORNÉ DU PORTRAIT DE L'AUTEUR,

Prologue,
Dialogues entre les morts
Poussin et Rubens;

PAR

J. DE LA ROCHENOIRE

Peintre d'histoire, Membre de l'Association des Artistes peintres,
Rédacteur de la Revue des Beaux-Arts, etc.,

AUTEUR

du Dessin appris seul, du Paysage et de l'Ornement appris seul,
de l'Aquarelle apprise seul, du Pastel appris seul,

AVEC SEPT COULEURS.

Sçavoir par cœur n'est pas sçavoir; c'est tenir
ce que l'on donne en garde à sa mémoire.
Livre 1er Chap. XXV.

MICHEL DE MONTAIGNE.

A Paris

CHEZ { MARTINON, 14, RUE DE GRENELLE ST-HONORÉ, LIBRAIRE } ÉDITEURS.
{ DURANDIN, 46, GALERIE VIVIENNE, LIBRAIRE, }

1853

 1765

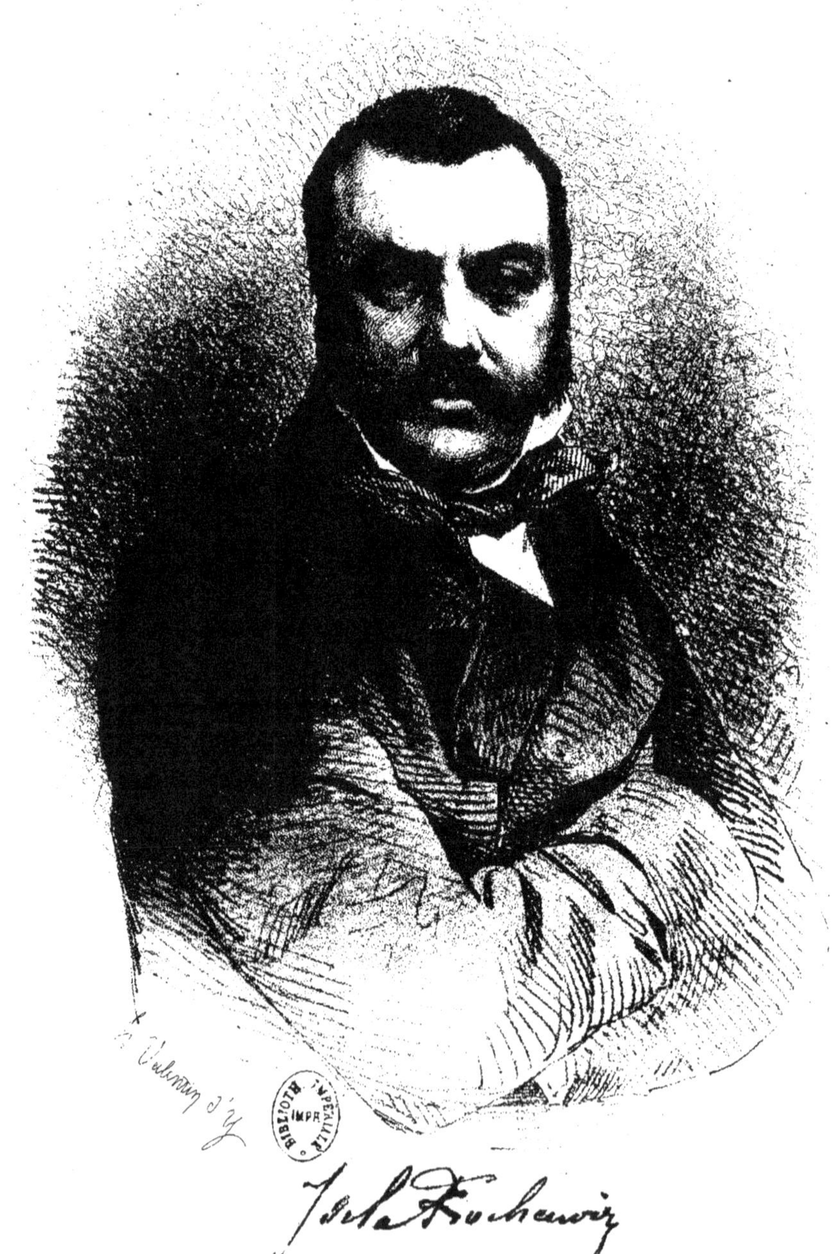

PEINTURE A L'HUILE
APPRISE SEUL
pour UN franc

OUVRAGE ORNÉ DU PORTRAIT DE L'AUTEUR.

Prologue,
Dialogues entre les morts
Poussin et Rubens:

PAR

J. DE LA ROCHENOIRE

Peintre d'histoire, Membre de l'Association des Artistes peintres,
Rédacteur de la Revue des Beaux-Arts, etc.,

AUTEUR

du Dessin appris seul, du Paysage et de l'Ornement appris seul,
de l'Aquarelle apprise seul, du Pastel appris seul,

AVEC SEPT COULEURS.

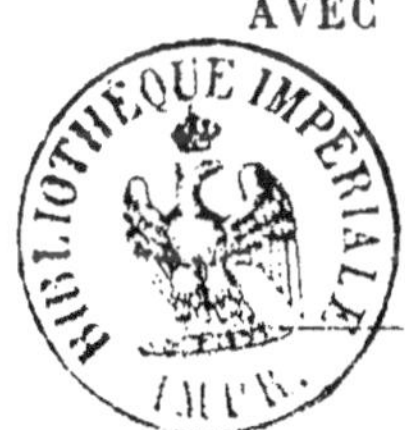

Sçavoir par cœur n'est pas sçavoir; c'est tenir
ce que l'on donne en garde à sa mémoire
Livre 1er Chap. XXV.

MICHEL DE MONTAIGNE.

A Paris

CHEZ { MARTINON, 14, RUE DE GRENELLE ST-HONORÉ, LIBRAIRE }
{ DURANDIN, 46, GALERIE VIVIENNE, LIBRAIRE, } ÉDITEURS

1853

TABLE DES CHAPITRES.

MON PORTRAIT.

Il n'y a pas un auteur de brochures de nos jours qui ne pût parvenir à insérer ce qu'on voudrait dans tel chapitre de ses œuvres morales, politiques ou artistiques. On a déjà vu, par la table de ces petits livres, qu'ils étaient uniques dans leur genre, et que chacune des parties était autant de chapitres de deux minutes de lecture ; car n'ai-je pas promis à mon élève de l'instruire en l'amusant. Tant de précautions, pour éviter la fatigue de mon lecteur, doivent m'assurer vraisemblablement sa bienveillance ; et l'invention de ce moyen, aussi

yeux pourraient, sans beaucoup de difficulté,
me faire naturaliser Chinois; et mon nez, assez
volumineux, prouve mon origine normande et
n'a rien de bien remarquable. Qu'on juge,
d'après cette esquisse, qui serait plutôt flat-
tée, si mon amour-propre doit être bien satisfait de cet excès de renommée qui m'attend.
J'avoue que je ne suis pas sans inquiétude.
Néanmoins, Je voudrais bien voir quelques-
uns des rigides censeurs que cette audace
me suscitera, prendre ma place; ils seraient,
j'en suis sûr, bien indulgents, s'ils connais-
saient les transes dans lesquelles ce péril me
plonge.

Au surplus, quelle qu'en soit l'issue, je m'en-
velopperai dans ma conscience et je tâcherai
de me mettre à couvert des bourrasques de
la critique.

ÉPIGRAPHE.

J'allais publier ma cinquième brochure,
De la peinture à l'huile, quand je retrouvai,
dans mon panier aux chiffons, les dialogues
que j'offre au public. C'est l'endroit où se
trouve la plus grande partie de mes idées,
et le lecteur ne sera peut-être pas fâché de
connaître ma manière de procéder, car c'est,
je crois, ce qui donne quelque originalité à
mes petits livres ; la voici : L'oisiveté a toujours eu pour moi un grand charme, en ce

qu'elle laisse mon imagination vagabonder, et n'est rêverie ni folie qu'elle ne produise en cette agitation. Je ne me trouve jamais si heureux que lorsque mon esprit peut rester oisif et s'entretenir de ce qui s'offre à lui; malheureusement, comme la plupart du temps il n'enfante que chimères, je m'empresse de les déposer, une fois écloses, dans mon panier. Puis, quand ma tête est vide, ce qui lui arrive parfois, je reprends ces chiffons pour en contempler à l'aise l'ineptie et l'inutilité, et quand j'en retrouve quelques-uns dont je peux tirer parti, *je commence de les mettre en roole*, comme dit Montaigne, et j'y rencontre quelquefois des aperçus plus sérieux que je ne le supposais en sortant de ma plume. Ce sont quelques-unes de ces feuilles que je vous engage à lire, chers élèves, avant de commencer l'étude de la peinture à l'huile (qui formera le complément de la *première partie* de mon ouvrage en cours de pu-

blication), puisque, par votre approbation,
vous m'avez autorisé à le continuer.

M'étant enrôlé, sans cérémonie et sans aucun désir de gain, comme écrivain, je n'appartiens à aucune coterie ni à aucune secte; je rends justice, sans vouloir influencer l'esprit de mes lecteurs, à toutes les idées que je crois sérieuses; et je le prouve en mettant en scène deux peintres d'un talent bien opposé : N. Poussin et P. P. Rubens.

Mes opuscules ayant eu, jusqu'à ce jour, un peu de succès (puisque la première édition de chacun, tirée à *deux mille* exemplaires, s'est vendue en un an, et qu'une seconde va paraître incessamment), je me flatte de voir leur avenir assuré et je ne désespère pas d'avoir ma place dans toute bibliothèque d'amateur. Aussi, pour que mes succès littéraires et artistiques ne me fassent pas d'envieux, et que les auteurs qui s'aviseront de suivre la même route que moi sachent à quoi s'en tenir sur un écrivain favorisé du public, je leur recommande les vérités suivantes : 1° Je n'ai, jusqu'à ce jour, rien gagné sur mes ouvrages et j'ai été très heureux, en vendant jusqu'au dernier exemplaire, de n'y rien perdre ; 2° si j'ai reçu, d'inconnus, des lettres de félicitations, de combien d'autres missives *anonymes*, dans lesquelles on me traite de filou, on me menace de la police correctionnelle pour avoir vendu un livre inutile 1 franc et où l'on me réserve une foule de corrections que je suis, Dieu merci, encore à recevoir ; de combien d'ennuis, dis-je, n'ai-je point été abreuvé ; 3° enfin, qu'il se rencontre, dans les sujets que ma fantaisie seule m'a fait traiter, une foule d'idées que l'on retrouve dans les auteurs anciens, ce que mes bons amis s'empressent de suite de faire remarquer, afin d'amortir un peu la bonne opinion que le public pourrait avoir de moi, quoique j'aie beau leur répondre, encore avec Montaigne, *que si j'estoffais l'un de mes discours de ces riches despouilles, il esclaireroit par trop la bestise des autres.*

Vous avez mon portrait ; voilà, avant les quelques considérations sur mes dialogues, ma profession de foi : Je ne cherche à dire que ce que je sais, et je trouve que ce serait lâcheté de m'approprier les écrits d'un autre. Je donne mes idées telles qu'elles me viennent, sans vouloir les imposer. J'enseigne ce que je crois être vrai, mais je n'affirmerais pas garder toute ma vie les mêmes idées, *si nouvel apprentissage me change.* N'étant d'aucune académie, n'ayant jamais demandé ni reçu d'encouragement, ne me flattant d'être ni professeur ni écrivain ; n'étant ni riche ni pauvre, je n'ai point l'autorité d'être cru ni ne le désire, et je me sens trop peu instruit pour mériter si grand honneur. J'écris ce que j'ai pensé et le donne comme mien. Sur ce, j'entre en matière.

Parmi les hommes qui ont traité les questions artistiques, et surtout le beau idéal, il en est de si éminents qu'il paraît, à première vue, difficile de rajeunir un pareil sujet. C'est cette difficulté qui m'engage, par des aperçus simples et lucides, à faire comprendre en l'étudiant, ce que j'affirmais dans ma brochure *du Paysage et de l'Ornement*, page 4 : *que le beau idéal réside en nous-même*, et non pas dans l'application d'une foule de règles, qui ne sont pour moi qu'une routine conventionnelle. Je ne prétends pas dire que le beau idéal puisse naître chez celui qui se sera abandonné à la seule impétuosité d'une nature ignorante et téméraire ; mais bien, chez l'artiste savant qui aura su se garantir de faux principes, qui n'auraient rendu ses œuvres que maigres et chétives, et qui l'eussent entraîné inévitablement vers une sécheresse, une régularité qu'il eût prise pour de la grâce. Je tâcherai de rendre visible ce que tous les auteurs ont enfoui, tout en cherchant à l'expliquer, dans une érudition formidable.

Ce beau idéal variera donc, d'après moi, selon l'intelligence de chacun ; et les cinq variétés de l'espèce humaine, comme les reconnaît Blumennbach, auront chacune le leur : il est certain, alors, que le beau idéal, pour l'habitant de la côte de Guinée, ne sera pas le même que celui que choisira l'habitant des Flandres, et qu'il n'admirera pas, dans Van-Dyck, l a beauté du coloris. Il en sera de même pour les règles qui doivent produire cette chimère que nous nommons beau idéal.

Les œuvres idéales des anciens, qui ont particulièrement excité notre admiration, n'étant pas celles où les règles de l'art ont été le mieux observées ; nous pouvons en conclure qu'il ne faut, pour arriver à la perfection, ni se comparer, ni s'assujettir à ces mesures compassées qui peuvent être le refuge

des gens instruits, mais à coup sûr, des peintres sans génie. Si Michel-Ange avait craint
d'effrayer les bourgeois de son époque avec
ses muscles phénoménaux ; s'il avait cherché, par un faire abâtardi, régulier, à obtenir, sur ses vieux jours, une considération
usurpée, nous ne pourrions nous anéantir
devant son terrible, son divin Moïse! Pouvons-nous supposer que le Jupiter Olympien,
le plus admirable, le plus grandiose des chefs-
d'œuvre de l'immortel Phidias, et même d'a-
près Pline, l'œuvre la plus divine qui soit
sortie de la main d'un mortel, soit la repro-
duction d'une nature copiée servilement ou
méthodiquement? Non, c'était une création
subite de l'imagination, un type divin se for-
mant sous les doigts du grand sculpteur,
bref, une grande, une terrible *interprétation*
de la nature! J'affirme donc, en appuyant
mon opinion sur ces chefs-d'œuvre, que le
beau idéal dépend de l'impression soudaine

que ressent le spectateur ; et je soutiens que le tableau ou la statue la plus classique, où les règles reçues auront été le mieux observées, où le goût et la rectitude se rencontreront au plus haut degré, enfin, possédant toutes les perfections académiques ; que les œuvres réunissant, dis-je, à cet aspect fini, élégant, ce brillant et ce gracieux qui plaît tant à la foule, seront, malgré toutes ces fausses qualités, froides, médiocres et sans vie, si vous n'êtes frappé, à leur vue, d'une soudaine admiration, d'une sainte terreur.

Pense-t-on encore la rencontrer, cette vérité idéale, dans ces écoles où chacun copie son prédécesseur ; ou chez des maîtres qui ont été imitateurs eux-mêmes, et qui enseignent ce qu'ils ont *imité?*..... C'est dans ces athénées, et sous leur pression que le sentiment, l'invention, le génie, se transforment en manière, dégénèrent en métier, s'éteignent dans une exécrable routine, pour se métamorphoser, à l'aide d'une coterie, en beau idéal. Voici ce qu'Eupompus de Sycione, maître d'Apelles, disait au jeune sculpteur Lysippe, qui devait lui-même s'immortaliser, pour l'engager à s'éloigner de cette routine qui, suivant lui, réduisait l'art à un simple mécanisme. Ce sculpteur lui demandant un jour quel était le maître qu'il avait choisi pour modèle, Eupompus le conduisit sur la place publique, et lui montrant la multitude : Voici mes modèles, lui dit le vieux peintre; c'est la nature, et non les maîtres, qui forme l'artiste, qui veut lui-même se placer parmi les maîtres. Et je répéterai, après tous ces grands hommes : qu'est-ce qu'idéaliser ses modèles, si ce n'est *interpréter* librement la nature suivant son sentiment.

Nous arrivons enfin à un point, celui que nous poursuivons, sans trop le laisser voir, dans nos précédentes brochures, à savoir : que le beau idéal est respectif à chacun; qu'il ne doit pas être assujetti à des règles ni à des principes, comme jadis où, « *la touche et « reigle de toutes imaginations solides et de « toute vérité, devoient être conformes à la doc- « trine d'Aristote* »; mais bien avoir pour but, par un caractère magistral et grandiose, d'impressionner, de communiquer au spectateur l'enthousiasme qui doit l'entraîner. Le seul moyen, je crois, pour obtenir ces qualités, sera d'étudier la nature, de *l'interpréter;* et de la reproduire, *non comme elle sera en effet,* mais comme on la verra, ou plutôt *comme on la voudra voir.*

Vous en dire plus long, cela m'est aussi impossible qu'à Salomon, dans ces deux versets:

18. Trois choses me sont difficiles et j'ignore totalement la quatrième.

19. La voye de l'aigle en l'air, la voye de la couleuvre sur la pierre ; la voye de la navire au milieu de la mer, et la voye de l'homme en adolescence.
Traduct. de Jean Harlemius, Lyon. 1599.

de vous enseigner la route du génie. Les deux versets de l'auteur de la Sagesse des na-

tions sont, comme le dit le docte Harlemius,
« une bague (1) d'or garnie de plusieurs
« pierres précieuses, fort riches et exquises,
« déposée au cabinet de l'église ». Il en est
de même du génie, feu profond, bague du
cœur humain, ornée de pierres précieuses,
fort riches et exquises, mais dont l'emploi
nous est inconnu. L'imagination étant un travail perpétuel de la pensée, c'est cette acti-
vité, aidée de la réflexion et de l'étude, qui
caractérisera le génie. La création d'un chef-
d'œuvre provenant souvent d'effets imprévus
et soudains, de l'ébullition de ce chaos que
l'on nomme esprit humain, l'impétuosité, la
furia, l'enivrement et l'enthousiasme pro-
duiront cette création, et détermineront l'é-
clair qui doit faire naître le beau idéal.

Revenons à notre époque, et désolons-nous

(1) On nommait *baghe* et aussi *bague* tout ce qui composait
l'avoir-meuble, cette partie de la fortune, qu'au moyen âge on
avait intérêt de tenir toujours en état de prompt départ.

Comte de LABORDE, C^r au musée impérial du Louvre.

de ses tendances; plaignons le goût actuel;
et si nous voyons dans nos expositions ces
ongues files de portraits, où le moindre pli
de la peau, le plus petit *grain de beauté*, la
moindre verrue, sont saisis avec avidité par
l'artiste, ce n'est point sa faute, c'est la vôtre,
bon public, c'est vous qui désirez, et même
exigez être peint ou sculpté *sans idéalisme*.
Persuadez-vous une bonne fois que si tous les
grands seigneurs qui posaient pour le Titien,
Rubens, etc., étaient vos contemporains, et
que vous puissiez juger de leur ressemblance
avec celle de leur portrait, vous ne les recon-
naîtriez certainement pas; car ces divins maîtres *interprétaient* leurs portraits et ne les
copiaient pas servilement.

Mon lecteur sera surpris que dans cette espèce de préface, je n'aie point encore fait l'é-
loge de mes dialogues; je préfère toujours
avec Montaigne, *que chascun y mette son ac-
quest : et qu'il est bon que l'élève les fasse trot-*

*ter devant lui, afin de sçavoir choisir et s'y con-
duire bien mesureement, car, c'est fascheuse
suffisance qu'une suffisance pure livresque; qu'il
sçache qu'il sçait, au moins!*

PREMIER DIALOGUE.

Une vérité éclate ici, qu'il faut reconnaître,
c'est que l'art est la seule chose inaccessible
au mensonge.

J. MICHELET.

POUSSIN.

Que je suis heureux de rencontrer dans ce
séjour exempt de haine et d'envie le plus
grand coloriste qui ait jamais existé. Tout
en cultivant de préférence la ligne sévère des
maîtres qui m'ont guidé, votre nom et vos
œuvres m'ont souvent entraîné ; et si une

pente irrésistible ne m'eût fait chercher la
sévérité qui règne dans mes tableaux, j'aurais été un de vos plus passionnés adeptes.

RUBENS.

Vous êtes célèbre, et vos œuvres sont assez belles pour ratifier le jugement des mortels. J'aurais peut-être suivi le même chemin
que vous, si de mon temps des hommes qui
se laissaient guider par la mode, ne m'eussent engagé, par un genre nouveau, à attirer
les regards de mes contemporains et par conséquent la fortune. Plus tard, je tâchai de
perfectionner, par un labeur assidu, une nou-
veauté que j'ai peut-être exagérée.

POUSSIN

N'est-ce pas plutôt votre pays, les modèles
que vous aviez sous les yeux qui ont faussé

votre goût, qui vous ont entraîné souvent
vers des formes qui sont peut-être vraies,
mais qui sont loin d'être belles.

RUBENS.

Hélas, mon cher Poussin, je le confesse.
Nous étions à cette époque une pléiade
de fantaisistes, tous remplis d'esprit, de
talent; nous cherchions l'harmonie, nous
étions élégants, nous avions le travail
facile; mais si, avec la plus profonde modes-
tie, j'en excepte moi, Van Dyck et quelques
autres qui avons dominé notre école, nous
n'avions pas de penseurs. Nous sommes cou-
pables d'avoir accoutumé nos élèves à regar-
der l'art comme un jeu d'esprit, agréable
seulement pour la vue, et pouvant se passer
de cette profondeur de pensées qui règne
dans vos œuvres, et qui vous a fait surnom-
mer à juste titre le peintre des gens d'esprit.

POUSSIN.

Ne cherchiez-vous pas tous, car vous avez dû, comme chef d'école, avoir votre coterie, vos prôneurs, à abaisser ce que vous me faites l'honneur d'admirer en moi : la ligne et la pensée?

RUBENS.

Vous ne dites que trop vrai. Pour ménager nos amateurs, nous cherchions à plaire ; et comme vous avez dû vous en convaincre par votre fuite précipitée à Rome, pour subjuguer la foule, il ne faut pas s'élever au dessus d'elle. Pour maintenir notre popularité nous avons substitué à la sévérité des Carrache, des Dominiquin, etc., la finesse de la touche, le clinquant de la couleur, l'afféterie du métier ; bref, l'exagération à la vérité. Au lieu

d'étudier, d'approfondir ce que nous voulions
peindre, nous l'effleurions; et si, avec les
grandes qualités que vous me reconnaissez,
j'eusse mûri mon jugement, évité les ana-
chronismes intolérables que l'on rencontre
dans mes tableaux, je ne doute pas que je
n'eusse atteint la perfection. J'ai trop souvent, il est vrai, fardé la vérité par des allé-
gories invraisemblables, et ce que mes contemporains ont obtenu par un fini précieux,
je m'en suis emparé par une hardiesse bru-
tale. Aussi ai-je souvent laissé l'esprit de mes
spectateurs dans une parfaite indifférence.

POUSSIN.

Permettez-moi de vous interrompre. Vous
pensez donc, comme moi, cher confrère, que
le but de la peinture est de metttre dans son
jour la vérité; que l'art, tout étant l'interprétation de la nature, ne doit avoir d'autre but

que la beauté idéale, ou si vous le préférez,
la vérité idéale?

RUBENS.

Malgré la manière un peu audacieuse avec
laquelle je l'ai interprétée, je crois comme
vous, mon cher Poussin, que ce doit être
son but. Malheureusement, nous sommes
obligés de nous servir parfois des moyens
dont nous pouvons disposer pour flatter l'a-
mour-propre des grands, et nous le faisons
à l'aide de fictions; alors ce n'est qu'à force
d'une foule de détails qui ne font que rape-
tisser l'action, que nous parvenons à faire
illusion sur l'objet principal. Je conviens
qu'un de mes tableaux, orné de tout le pres-
tige brillant dont j'ai pu le doter, embelli
par mon coloris, et fécondé par mon imagination, tiendra toujours la seconde place,
quand il sera comparé et jugé par un aréo-

page où l'intrigue et la cabale n'auront point
accès, quand il sera comparé, dis-je, à vos
bergers d'Arcadie, à votre immortelle scène
du déluge. Ne croyez pas cependant que j'ad-
mette votre genre de talent à l'exclusion de
tous les autres ; je viens de vous admirer et de
vous rendre la justice que tout homme exempt
d'envie doit à celui qu'il juge, mais, je pren-
drai la permission de vous faire quelques observations.

Je suis persuadé, quoi qu'en disent vos
prôneurs, que celui qui est de sang-froid n'é-
chauffe pas, et que celui qui doute trop long-
temps ne persuade point. Ce n'est pas en
s'astreignant à toutes les règles classiques,
que le Titien et Véronèse nous ont laissé
leurs splendides toiles, que le fougueux Tin-
toret a illustré tous les palais de Venise ; que
les Vélasquez et les Murillo nous ont fait ado-
rer dans une auréole lumineuse, le divin en-
fant ; et que si vous avez vos dieux, nous nous

réfugions près des nôtres. Ne pouvons-nous pas aussi bien connaître la vérité, parce que nous l'interprétons autrement que vous ?

POUSSIN.

Vous croyez qu'il suffit de peindre et de passionner pour faire une œuvre remarquable ?

RUBENS.

Loin de là : mais je crois qu'on s'éloigne du véritable but, qui est selon moi d'impressionner le spectateur, quand on ne cherche pas à rendre d'une manière originale cette vérité, objet de toutes nos recherches. Je suis persuadé qu'on ne passionne point, quand on n'emploie pas tous les moyens, et vous conviendrez que la couleur a un empire réel sur les sens et sur l'entière harmonie de notre être, à soutenir l'intérêt, le pathétique de la scène. Je crois que pein-dre et impressionner sont synoymes; mais aussi je serai de votre avis, c'est que pour persuader et convaincre, il faut une grande supériorité de raisonnement.

POUSSIN.

On n'a donc selon vous, mon cher maître, qu'un talent bien secondaire quand à cette force du raisonnement et de la science, on ne joint pas en même temps une grande facilité de brosse, et un sentiment exagéré de la forme et de la couleur; quand on ne possède pas au même degré, ou qu'on ne veut pas s'y laisser entraîner, le sentiment et l'imagina-tion. Vous ne confondez pas, je l'espère, l'ima-gination, avec ce désir effréné qu'ont toujours les mauvaises écoles de faire du nouveau à tout prix, et dont les chefs doutent qu'on

puisse être un homme de génie, en ne possédant simplement qu'une âme sage, forte, et
pleine de lumières.

RUBENS.

Je le répète; si j'admire, comme je vous
l'ai dit au commencement de ce dialogue,
vos tableaux, c'est qu'à toutes les qualités
que vous venez d'énumérer, vous pouvez y
joindre l'élégance, la pureté du dessin et
l'harmonie des lignes; ce qui balance jusqu'à
un certain point l'harmonie de la couleur.
Cet ensemble, cette disposition des groupes,
ce balancement des lignes qui se rencontrent
sans heurter l'œil du spectateur, ont un empire, et cela à son insu, sur son jugement;
et quoique ces choses paraissent des moins
essentielles, elles contribuent beaucoup à
l'illusion et à la vérité du sujet, en donnant
une grande force à l'action.

POUSSIN.

Je suis confus de vos louanges, mais continuons : ainsi vous m'accordez que le peintre doit avoir d'abord l'esprit profond et philosophique pour instruire et parler aux masses, ponr posséder cet ascendant que tout homme supérieur doit avoir sur ses semblables ; je suis heureux de voir que nous nous entendions sur ce point. Mais si, à ces éminentes qualités, il peut joindre une imagination qui étonne l'âme par des images terribles, et une volonté à laquelle aucun spectateur ne pourra résister, j'avoue que cet homme réunira tout ce qu'il est humainement permis de souhaiter pour arriver à la perfection. Ceci étant une utopie, il n'est pas surprenant qu'il se trouve si peu de peintres, puisqu'il faut tant de choses pour les former.

RUBENS.

S'il est étonnant qu'il y ait si peu de grands
peintres, il est bien plus extraordinaire que
tant de gens se flattent de l'être. Adieu; notre
conversation ne me sera pas inutile pour la
discussion qui se prépare ; car vous n'ignorez
pas que c'est aujourd'hui notre jour de réu-
nion, et que la plus grande partie de l'Olympe
assistera à nos débats. Je dois, vous le savez,
y prononcer l'oraison funèbre d'un artiste
auquel j'ai été bien utile, mais qui, malheureusement, a eu le grand tort de me parodier.
Je vous rejoindrai après la séance, et nous
reprendrons, si vous le voulez, le sujet de
notre entretien.

DEUXIÈME DIALOGUE.

L'Art! fils du cœur et de l'inspiration, ne
comporte pas l'alliage du faux.

POUSSIN.

Je vous revois avec plaisir, illustre peintre :
votre discours a réuni tous les suffrages, et
il a été bien doux à votre élève de s'entendre
adresser des louanges qui, entre nous, ne
s'adressaient qu'à vous-même. Enfin, en fai-
sant l'éloge d'un *esprit* qui va habiter nos
Champs-Élysées, il est permis de se donner

indirectement, puisque c'est une chose con-
venue à l'avance, quelques coups d'encensoir.

RUBENS.

Mettons de côté notre bonnet de docteur,
cher confrère ; parlons sérieusement, et
éclaircissons le point qui nous occupait : à
savoir quel est le plus nécessaire pour arriver
à la perfection, du style ou de la couleur.
Vous m'aviez presque persuadé que je ne
connaissais guère les grandes qualités qui out
illustré les Michel-Ange, les Raphaël, les Dominiquin, etc., et dans lesquels, je le dis hau-
tement, personne ne vous a depuis égalé.
Mais j'ai encore quelques questions à vous
faire.

POUSSIN.

Parlez. Quoique notre temps soit précieux,

puisque nous faisons partie des vénérables,
ce n'est point le perdre que de le dépenser en
un pareil sujet. Quoique nous ne soyons
plus sur la terre, nous devons toujours veiller
aux destinées de ceux qui suivent nos principes, et je serais ravi de vous voir approu-
ver mes maximes

RUBENS.

Vous m'avez pour ainsi dire reproché
d'embellir, ou plutôt d'affadir mes sujets, en
y prodiguant l'allégorie....... Mais, tous les
sujets ne sont-ils point susceptibles d'être
représentés?

POUSSIN.

Ce que le maître fait, l'élève ne peut souvent le comprendre. Vous avez su, j'en con-

viens, mêler le profane au sacré, et la Vie de Marie de Médicis sera toujours une merveille : mais il vous a fallu votre génie pour allier au suprême degré, comme vous l'avez fait, cet assemblage de dieux et de mortels, surtout en donnant à chacun la place et l'importance qu'il doit occuper dans l'action. Une manière simple de comprendre et de peindre les choses que nous approuvons, car elle a un principe, est celle dont je vais vous entretenir.

Le grand art en peinture est de proportionner la mise en scène au sujet, et ce serait avilir une scène imposante que de l'orner outre mesure, de l'embellir, de la parsemer de riens inutiles ; vous attirez l'œil sur ces futilités et le détournez de l'action principale. On commet une faute encore plus choquante, lorsqu'en traitant de petits sujets, on croit devoir exciter de grandes impressions par l'emploi d'un grand espace et par une composition emphatique. Ainsi tout cet appareil est ridicule, quand il n'est pas soutenu par un intérêt réel. Bien des peintres réussissent à impressionner le spectateur dans un espace bien restreint, quand d'autres ne se font pas remarquer en salissant vingt-cinq pieds de toile. Ce défaut appartient en général aux queues d'école, et aux artistes qui n'ont que ce qu'on appelle vulgairement de *la patte* (passez-moi l'expression, noble chevalier) ; à tous ceux, dis-je, qui ont du succès dans les ateliers, qui s'y font remarquer par une facilité de brosse désespérante ; à ceux qui ne peignent point de génie, mais par routine ; enfin à ces gens qu'on nomme bâton…, qui n'arrivent jamais malgré toute leur habileté, et qui apprennent dans des écoles ce que les truands enseignaient jadis à leurs ours, c'est-à-dire, à répéter chaque jour les mêmes exercices qu'ils avaient faits la veille.

RUBENS.

Quoique chef d'école dans cette planète que nous nommions la terre, j'ai toujours été effrayé de cette tendance chez mes élèves ; mais j'ai pensé, comme le docteur Pangloss, que tout était pour le mieux dans le meilleur des ateliers, et que puisqu'il m'en fallait un pour me donner de l'importance, je pouvais bien sacrifier à ma gloire toute une génération. C'était de l'égoïsme, j'en conviens ; mais Jupiter, notre dieu tout puissant, n'a-t-il pas sacrifié à ses passions la vertu de bien des femmes (sans compter celle de Ganymède, qui, du reste, a fourni à notre confrère Titien l'occasion de faire un excellent tableau où cet échanson des dieux est représenté dans le costume qu'il portait le jour de sa présentation à notre divin maître. C'est le musée de Londres qui possède ce chef-d'œu-

vre, digne plutôt d'une collection particulière.
Mais revenons à notre conversation.

Je vous approuve, et je flétris tous les
peintres (un certain Lebrun entre autres,
duquel, je crois, vous n'avez guère à vous
louer) qui propagent cette affreuse routine
qui est la perte de l'art, et qu'ils nomment,
comme je l'ai appris dernièrement par un
nouvel immortel qui en faisait usage, *le chic.*

POUSSIN.

Il paraît que le chic a tant d'attraits main-
tenant, que ceux même qui en sont choqués
dans les autres ne l'en pratiquent pas moins ;
il n'y a pas de peintre qui ne connaisse ce
vice, et il y en a peu qui aient assez de force
pour l'éviter. Si le sujet que l'on traite n'est
pas assez imposant, on doit à plus forte raison s'en éloigner, dans la crainte de l'amoin-
drir encore ; car l'artiste qui compose une

scène quelconque doit craindre, en la far-
dant, de lui retirer la force qu'elle avait en se
présentant à son esprit. Malheureusement,
comme on n'a pas assez de science et de
philosophie pour composer des tableaux simplement, on croit, en les ornant, leur donner
cette puissance d'expression, cette volonté
d'action, cette pureté de lignes que l'on cherche en vain, et sans lesquelles on n'obtient
que du gentil, du boursoufflé, du fade, et
une mignardise qui ne peut que repousser
tout homme de goût.

Excusez ma franchise, cher Rubens. La
discussion s'échauffe, et s'il s'est glissé dans
mes observations quelques paroles un peu
trop acerbes, ce n'est point à vous qu'elles
s'adressent, mais bien à ceux qui ont outré
vos grandes qualités. Vos tableaux sont loin
d'avoir les défauts que je viens d'énoncer ; et
si vous avez parfois exagéré vos tons de chair,
vous avez su les soutenir par un ensemble

assez vigoureux pour les rendre naturelles ;
ce n'est point en vous éloignant de la nature,
mais bien en l'interprétant avec énergie, que
vous avez obtenu cette franchise de ton ; et
le brillant de votre coloris n'eût point séduit
les yeux, si, en vous dispensant de la nature,
vous étiez resté plongé dans les ténèbres. Ce
n'est, j'en suis convaincu, qu'ayant devant
vos yeux vos luxuriantes natures flamandes,
que vous avez pu réaliser un si magique
éclat ; en un mot, vous avez eu le génie, et
les autres vous l'empruntent.

RUBENS.

Je suis confus des tendances d'une école
dont je suis le dieu. Il n'est que trop vrai, de
là découle non-seulement le mauvais style,
mais aussi le mauvais goût ; car lorsqu'on
s'est écarté des bons principes, on cherche à
se justifier ; et on se flatte, par une persévé-

rance obstinée, de consacrer les nouveautés
les plus bizarres. On dit qu'il ne faut exclure
aucun genre, comme si le faux, le frivole et
l'insipide méritaient ce nom.

POUSSIN.

Il y a même plus ; on ne se contente pas
d'inventer de nouveaux genres, mais on les
cherche absurdes, et celui qui fait le plus
excentrique est regardé comme le plus fort.

RUBENS.

Ce désir d'innovation serait-il entièrement
blâmable ? Serait-il nécessaire que l'on suivît
la route que nous-même avons suivie ? Est-il
utile que l'on cherche ce qui est déjà fait ?

POUSSIN.

Oui, très-nécessaire. Il y a beaucoup de

jolies choses, et surtout en peinture, dont
on pourra éternellement s'inspirer, et il
n'est rien qu'un homme de génie ne puisse
rajeunir.

RUBENS.

Oui : comme vous je crois qu'effective-
ment rien n'est usé, ni pour le peintre, ni
pour l'écrivain ; je dis plus, mon cher Poussin : la peinture ne doit en général s'exercer
que sur des faits les plus connus ; car le caractère des grandes vérités est dans l'antiquité, et celui qui en douterait n'aurait qu'à
jeter un coup d'œil sur nos innombrables
chefs-d'œuvre. Il faut que les grands artistes
imitent les pasteurs des peuples : ceux-ci
n'enseignent point aux populations de nouvelles doctrines ni de nouvelles vérités, mais
les rajeunissent par leur inspiration. De même l'artiste doit se servir de son pinceau

pour mettre à la portée de toutes les intelli-
gences les faits qui leur sont inconnus ; mais
cela ne veut pas dire qu'ils doivent tous les
comprendre ni les rendre de la même manière, et c'est de cette liberté d'action que
je veux le rendre entièrement maître : il doit
avoir en vue l'utilité des hommes, et chercher
par tous les moyens possibles à exciter leur
enthousiasme.

POUSSIN.

Votre raisonnement n'est pas mauvais ;
pourquoi, dans vos tableaux, l'avez-vous exagéré ?... Vous n'avez point suivi, mon cher
maître, les principes sévères du beau, et vous
avez travaillé au contraire, avec beaucoup
de soin, à vous écarter de cette grande école
italienne que j'ai toujours désiré égaler. Vous
avez étonné les hommes en leur présentant,
sous de nouvelles formes, et avec une cou-

leur excentrique, les choses qu'ils voyaient autrement ; avec votre audace et votre génie, vous avez créé de merveilleux tableaux, mais, en revanche, vous avez commencé la décadence de l'art, en fondant une école qui a exagéré vos défauts sans conserver vos qualités.

En prenant le côté contraire des opinions reçues, sans vous embarrasser de la vérité, vous vous êtes, entre nous, un peu trop moqué du sérieux avec lequel l'art doit être envisagé. Les amateurs qui, de tout temps, se sont laissé mener par la coterie, ont été dupes de ce dédain de la forme, et ils vous ont cru supérieur aux choses que souvent vous ne pouviez égaler. En perfectionnant la couleur, vous l'avez fait à l'exclusion de toutes les nobles parties de l'art que vous avez tâché de détruire : c'est, comme je viens de vous le dire, ce qui vous a fait un grand nombre de partisans, car le monde est avide de nouveautés. En grâce, ne vous formalisez pas de ma critique, car si j'exagère vos défauts, j'admire vos qualités ; seulement, votre manière puisse-t-elle ne pas fourvoyer la pléiade d'artistes qui cherchent à vous imiter.

RUBENS.

Vous avez l'esprit profond, ingénieux et fin ; si cette vieille Normandie ne pouvait prouver votre naissance, d'autres provinces se la disputeraient. Votre imagination est plus brillante que la sagesse de vos compositions ne le laisserait supposer, et vous êtes une preuve que la réflexion et la pensée suppléent souvent à cette fougue que le commun des mortels prend pour le génie. Vous deviez beaucoup savoir pour répandre tant de science et de sentiment dans vos sublimes compositions, et je ne doute pas que si la couleur eût eu de l'attrait pour vous, vous ne vous en soyez rendu maître aussi bien que du caractère et de l'expression. Votre génie étendu embrassait tous les genres, et si vous excelliez dans les sujets sérieux, le vieux Silène et sa joyeuse troupe trouvaient en vous un charmant interprète. Avec de si grands avantages, vous ne pouviez, il est vrai, être compris d'un siècle où le faux goût dominait, et où un Lebrun, avec ses soldats de contrebande, se faisait admirer par un roi envieux de célébrité ; le roi parodiait la gloire, et le peintre se moquait du roi.

POUSSIN.

Puisque le séjour des dieux, puisque les champs que nous habitons me permettent une entière franchise, j'accepte vos louanges. J'avais peut-être une partie des qualités que vous m'attribuez ; mais si l'élévation, l'éner-

gie et l'expression ont été poussées par moi
au plus haut degré, j'ai, je dois me l'avouer,
manqué un peu d'abandon et de sensibilité;
je n'ai point cette fougue qui vous anime, et
qui entraîne malgré lui le spectateur. Ces
deux qualités complétaient mon talent, et
m'eussent placé au premier rang.

RUBENS.

Vous vous reconnaissez là des défauts dont
je n'aurais jamais osé vous parler.

POUSSIN.

J'y suis sensible, car je vous admire et
vous aime; la faiblesse humaine m'eût peut-
être aveuglé, et je n'eusse probablement pas
pardonné à celui qui eût eu la témérité de me
les faire remarquer. Malgré ma sagesse et
mon talent, je fus une fois injuste, et je me

le reprocherai toujours : j'ai eu la faiblesse,
je le confesse, me croyant au dessus d'un de
mes confrères, d'oser, après l'avoir fait grat-
ter, refaire l'œuvre qui lui avait été com-
mandée. C'est une faute que je dois avouer,
car elle me pèse sur le cœur... Si les hommes désirent qu'on leur dise la vérité, leur
amour-propre leur crie de ne point l'écou-
ter. Revenons à la peinture, et dites-moi,
selon vous, les qualités exigibles pour un
peintre.

RUBENS.

Je vous l'ai déjà dit : de l'*imagination*, du
sentiment, de la *volonté*. Je veux que l'artiste
qui se sent assez fort pour régner sur ses
semblables, commence, après les études pré-
liminaires, par approfondir les grands principes philosophiques de l'art; et que toutes
les actions, avant d'être représentées sur la

toile, soient écloses dans son cerveau. Il faudra que toutes ses pensées se portent sur la scène qu'il voudra reproduire, afin qu'en la sentant bien au delà de la réalité, le spectateur soit entraîné malgré lui vers cette fiction comme vers le fait lui-même. Je le désirerais grand et simple, énergique; emporté sans folie, pathétique sans trivialité. J'aime encore qu'il soit hardi et susceptible d'enthousiasme. *Je veux que son art consiste à n'en jamais montrer, et que chacun puisse se croire capable de l'égaler.* Il faut qu'il interprète la nature selon son sentiment, et qu'il n'en soit pas un servile imitateur: bref, qu'il ne se serve du procédé qu'autant qu'il lui est utile pour rendre sa pensée, et qu'il ne se laisse pas subjuguer par une habileté qui dégénérerait en métier. Pour terminer, je vous dirai que le sublime, l'emportement, la raison; la simplicité et la hardiesse: que toutes ces qualités réunies formeront une nature

forte et vigoureuse. Quiconque ne les possé-
dera pas ne sera jamais peintre.

POUSSIN.

Mais cela étant ainsi, la nature seule doit
guider l'artiste, et les règles deviennent inutiles?

RUBENS.

Les hommes sans génie n'en ont que faire,
puisqu'avec leur aide il leur est encore impossible d'arriver à la perfection ; et elles ne
peuvent qu'entraver les autres, puisqu'ils
trouveront tout en eux-mêmes. Toute espèce
d'esclavage ne produisit jamais que du mal :
dans le cœur, il tue la vertu ; dans la tête, il
tue la pensée. Malgré cela, quelque génie que
l'on ait, il doit être exercé ; et si les règles
sont inutiles, il n'en est pas de même des

chefs - d'œuvre qui peuvent nous instruire. N'ai-je pas étudié, moi qui vous parle, tous les coloristes italiens et surtout Véronèse?... Ce n'est qu'après avoir approfondi leur manière de faire que, de retour dans mon pays, j'ai, entraîné par la couleur de mes modèles, exagéré le ton et le coloris de ces grands maîtres; vous avez dû vous apercevoir dans mes tableaux d'une étude constante des Vénitiens. Le génie doit donc être exercé et mûri par la réflexion; et si je ne vous parle point du maître, c'est que vous voyez, par l'empire que j'ai conservé sur mes élèves, la décadence qui en est résultée: d'où je conclus que si le maître est nuisible lorsqu'il s'appelle Rubens, que deviendra-t-il quand ce n'en sera que la monnaie ?

POUSSIN.

Quelle sera donc à votre avis la manière

la plus prompte, celle qui mènera le plus vite
à la gloire, aux honneurs?

RUBENS.

L'étude et la réflexion, aidées d'un jugement sain.

POUSSIN.

Ainsi, c'est en travaillant sérieusement, et
en approfondissant chaque partie, que la
réussite est certaine.

RUBENS.

Oui; et si un fougueux emportement ne
m'eût entraîné moi-même au delà des limites
de la raison, je crois, sans amour-propre,
avoir eu un génie assez vaste pour dominer
tous les esprits. Mon imagination, échauffée

par un tempérament ardent, n'a pu être con-
trebalancée par mon jugement ; et si j'ai eu
quelquefois des fanatiques, je n'ai jamais pu
obtenir l'entière approbation des puristes.

POUSSIN.

Vous me forcez à faire une petite digres-
sion. C'est dans le silence de la retraite
que l'âme, plus à soi et plus recueillie, s'é-
lève à de grandes pensées. Le tumulte des
cours et la haine des envieux troublent l'esprit et affaiblissent les idées. Un court séjour
à Paris, au milieu de gens qui ne me com-
prenaient point, ou plutôt qui voyaient le
but auquel j'allais atteindre, faillit tuer mon
corps et mon talent. Ce n'est qu'à Rome,
dans cette ville calme et mélancolique, que je
m'inspirai des grands maîtres, et que je
créai mes meilleures pages ; c'est la vue de

ces monuments et de ces statues antiques qui enthousiasment, qui transportent l'esprit; ce sont ces chefs-d'œuvre qui entraînent au sublime et permettent de créer des œuvres qui doivent devenir elles-mêmes des antiques pour nos successeurs. La lecture des grands poëtes n'est pas inutile, en ce qu'elle forme la raison, et permet de faire coordonner le style au sujet que l'on traite. Bien des choses sont donc nécessaires pour arriver à la perfection; mais ce que l'on doit posséder avant tout, mon cher Rubens, c'est, comme vous en êtes convaincu, le *sentiment* et la *volonté*; ce sont les qualités essentielles à l'artiste qui veut s'immortaliser.

RUBENS.

Que ne pouvons-nous transmettre à nos descendants ces dialogues!..... Mais les idées un peu libres que nous émettons seraient

peut-être une entrave à leur succès terrestre ;
contentons-nous donc de nous en tenir au
plaisir de la discussion.

TROISIÈME DIALOGUE.

———

La perfection ? c'est..........

RUBENS.

Avant de terminer notre dissertation, et si vos occupations de premier peintre de l'Olympe vous le permettent, approfondissons les questions que nous venons d'étudier, et dites-moi franchement, génie sublime, ce que vous pensez du style de mes tableaux.

POUSSIN.

Il est enchanteur, naturel, facile et entraî-
nant. Vous avez peint avec esprit, avec feu
et avec grâce. Le caractère de vos têtes est
sévère, et la beauté de vos femmes agréable ;
peut-être ne sont-elles pas assez variées et
rappellent-elles un peu trop souvent le type
charmant de votre femme. Vos qualités de
brosse, et surtout de ton , sont brillantes ;
votre couleur s'adapte on ne peut mieux
au sujet. Malheureusement, en ne vous occu-
pant pas assez de rassembler l'action principale, l'attention du spectateur est en défaut,
en ce qu'il ne saisit pas assez promptement
votre pensée : vous avez laissé courir votre
pinceau, en donnant un trop libre essor à
votre riche et fougueuse imagination.

RUBENS.

J'ai pensé que la verve n'était jamais de

trop, et j'ai cru pouvoir être emporté sans m'éloigner de la nature. J'ai cherché l'allégorie comme le seul moyen de rajeunir mes sujets, et j'ai voulu les embellir par le coloris ; j'ai représenté sous des images différentes les mêmes pensées, afin de les imprimer plus vivement dans l'esprit des hommes.

POUSSIN.

Cela n'empêche pas qu'on ne vous reproche beaucoup de répétitions et bien des larcins ; mais votre génie vous excuse, puisque vous avez su, en les choisissant, vous les approprier.

RUBENS.

Que les mortels sont insensés !..... Ils prennent souvent la vigueur pour de la folie, et l'abondance pour de la confusion. Pour-

quoi la nature, qui n'est pas toujours aus-
tère, a-t-elle répandu ses dons avec tant de
générosité, en couvrant la terre de forêts et
de prairies, en prodiguant les fleurs et les
fruits, si ce n'est pour l'usage que chacun de
nous peut en faire?..... Pourquoi l'insecte file-
t-il, dans sa coque mystérieuse, la trame de
la soie moelleuse, sinon pour nous couvrir
de vêtements légers et ondoyants, et nous
donner, à nous autres artistes, toute liberté
dans le maniement de nos couleurs? Pour
plaire, je vous ai donné à profusion de l'or
et des pierreries ; j'ai prodigué dans mes
pages brûlantes toute la magie de l'Orient, et
vous osez encore me taxer d'extravagant !

POUSSIN.

Il est si difficile de bien juger cet art, que
vous me pardonnerez encore une fois ma liberté dans le jugement que je fais de vos ou-

vrages; pour être expert, il faut unir à une
grande théorie une grande pratique, et faire
en sorte que nos passions ne soient point la
base de notre opinion. Puisque vous m'avez
fait l'honneur de me demander un avis franc
et sincère sur vos œuvres, je vous ferai observer, avant toutes choses, ce que je désire dans
la représentation d'une scène quelconque.
Les Grecs, créateurs de tout ce qu'il y a
de beau, ont inventé plusieurs *modes* par le
moyen desquels ils ont produit de merveilleux effets. Ici *mode* signifie la mesure et la
forme que nous employons pour obtenir un
résultat. et nous indique l'intelligence et la
retenue que nous devons apporter dans chacun de nos ouvrages.

Les modes des anciens étaient un assemblage de plusieurs objets réunis, et de la différence et de la variété dont ces choses se
composaient naissaient les cinq ordres qui
nous sont restés. C'est à l'aide du caractère

particulier à chacun que nous savons entraîner le spectateur vers de certaines sen-
sations ; les anciens ont bien compris ces
finesses, en attribuant à chaque mode une
propriété spéciale.

Le mode dorien fut pour les scènes graves,
sages et sévères ; le phrygien, au contraire,
s'arrange très bien des passions véhémentes,
et par conséquent, fut propre aux sujets
guerriers. Ils voulurent que le lydien fût
adapté aux sentiments tristes et douloureux,
et le mode hypolydien aux doux et agréables.
Enfin ils inventèrent l'ionien pour peindre
les émotions vives, les scènes joyeuses, les
danses, les fêtes et les bacchanales.

Ce sont ces différentes applications, que
vous avez négligées, qui sont, sans que le
spectateur y pense, un entraînement irrésistible pour lui. Les peintres ne doivent pas
seulement suivre ces règles, mais les grands
poètes doivent chercher à faire concorder le

style avec le sujet qu'ils traitent, en choisissant les mots et le rhythme du vers selon l'objet qu'ils veulent peindre. Virgile y est telle-
ment supérieur qu'il semble, par le son seul
des mots, vous faire voir les choses qu'il
décrit.

Toutes ces qualités ne pouvant être réunies
dans un seul artiste, je m'incline, et j'admire
la vigueur de votre coloris, la verve de vos
compositions, l'entrain qui règne dans vos
tableaux. A l'appui de mes éloges, je vous ci-
terai les plus grands peintres de l'antiquité,
qui tous ont excellé chacun dans leur genre.
Polygnote et Aglaophon ont été, les pre-
miers, de grands coloristes; Protogène s'est
fait remarquer par une grande facilité, et par
la curiosité qu'excitaient ses œuvres; Pam-
phile et Mélanthe étaient les peintres des sa-
vants; Anteuphile avait dû sa réputation à
son adresse; Théon de Samos brillait par son
imagination, et Apelles s'illustra par le natu-

rel et la grâce qui l'ont rendu si célèbre.

La même différence se fit sentir parmi les sculpteurs : Calon et Hégésias n'ont pas assez de moelleux dans leurs formes ; Calamide a le même défaut, mais beaucoup plus prononcé ; et dans Miron, leur imitateur, on retrouve à peine la forme. Polyclète relève l'art et lui redonne une beauté surnaturelle ; comme il atteignit presque la perfection, quelques critiques lui voulant à tout prix des défauts, trouvèrent que ses œuvres manquaient de caractère, et que s'il arrivait à rendre l'homme, il ne pouvait représenter la majesté des dieux. Enfin, Phidias et Alcamène arrivent, et portent l'art à son apogée.

De même, mon cher Rubens, nous possédons chacun de grandes qualités, et nous serons jugés par nos descendants comme nous jugeons ceux dont la réputation nous guide depuis bien des siècles.

RUBENS.

Votre érudition est profonde ; cependant, je vous avouerai que je n'ai jamais eu, dans mes tableaux, l'intention de peindre pour des gens qui jugent plutôt le philosophe que le peintre. Je me suis emparé de ce que Dieu nous a donné à profusion, et je me suis convaincu que la couleur était l'*orgueil* de la nature. Je n'ai vu partout qu'éclat et lumière, et je n'ai pas voulu que la beauté ou la vie, semblable à une fleur négligée, se fanât sur sa tige. J'ai voulu que les lèvres vermeilles, que les yeux où l'Amour puise ses traits, que les tresses des blonds cheveux, plus brillants que la crinière du soleil, parussent avec éclat dans les fêtes et sur les ondes, afin d'augmenter le nombre de leurs adorateurs.

Quel est le peintre qui ne revendiquerait pas les Syrènes qui viennent jouir de leurs

charmes au miroir transparent de mes eaux ?
Je vous en conjure par le trident de Neptune,
voluptueuses Naïades, levez vos charmantes
têtes, tordez vos corps souples et nerveux,
étalez les charmes que je vous ai prodigués,
et les dieux assemblés décideront de la va-
leur et de la supériorité de mon talent !

POUSSIN.

La magnificence de vos compositions égale
la majesté et la sérénité des miennes ; mais
vous vous seriez surpassé, si la profondeur
de vos pensées eût égalé votre imagination.
L'enthousiasme dont vos œuvres sont plei-
nes, cette force renaissante qui n'a été don-
née qu'à vous, la hardiesse de vos poses,
aussi naturelles que la nature, quoique exagé-
rées, me paraissent aussi surprenantes que
sublimes.

RUBENS.

Tout ce que vous me dites est vrai et sen-
sé..... Néanmoins, ne prolongeons point un
entretien qui, cependant, est loin d'être
épuisé. Concluons provisoirement. en disant
que si les grands talents sont rares dans tous
les temps, c'est ce qui les rend précieux;
malheureusement, il se passe souvent bien
des siècles sans qu'il paraisse un homme de
génie.

POUSSIN.

Pour faire parvenir sur la terre nos entre-
tiens, remettons-nous en donc au destin,
mon cher Rubens, et jetons du haut de l'O-
lympe ces quelques pages; si le hasard nous
favorise, et qu'un de nos séides les ramasse,
il les publiera; car la vérité est une, et doit

être dite dans l'intérêt des hommes. C'est
pour eux seuls que je désire la publicité de
ces dialogues, car si le nombre de ceux qui
peuvent en profiter n'est pas grand, il ne
doit point être négligé.

MONOLOGUE.

LECTEUR,

J'ai toujours vu que le ton modeste d'un auteur pouvait seul lui attirer l'indulgence du public; je viens donc, en me courbant jusqu'à terre, dans la crainte de t'indisposer contre moi, te prier d'accepter mon portrait, ce dont tu pouvais à la rigueur parfaitement te passer.

Eh! quel écrivain eut jamais plus besoin

d'indulgence que moi! Je voudrais le cacher en vain. Je sens ma faiblesse, et je me rappelle ce temps où, satisfait de moi-même, mon manuscrit en main, j'en faisais quelque avare lecture à des amis préférés, qui payaient ma complaisance par un éloge pompeux de mon ouvrage. Mais ce temps d'un triomphe, où la magie d'une adroite lecture m'attirait des suffrages, n'est plus, et je me présente à toi tel que je suis.

Aujourd'hui, me le pardonneras-tu, au lieu de la Peinture à l'huile que j'annonçais, j'ai pensé qu'il était de mon devoir, puisqu'il est convenu que tu acceptes mes leçons, de te préparer à cette étude par quelques notions générales sur cette manière de peindre. Pouvais-je te mettre le pinceau en main, avant de te donner une idée de la tâche que tu allais entreprendre! Pardonne-moi donc quatre-vingt-dix-neuf mauvaises idées pour une bonne dont tu pourras profiter.

Puisque j'ai eu l'effronterie de faire un traité général de la peinture, et que je me propose de le continuer, je te prierai, cher lecteur, de me juger toi-même sans avoir égard aux critiques passés, présents et futurs ; car tu n'ignores pas que, par état, n'étant reconnu ni écrivain par les peintres, ni peintre par les écrivains, je dois les avoir tous pour ennemis ; j'irai même jusqu'à exiger que tu sois mon juge, soit que tu le veuilles ou non, car tu es mon lecteur !

Il m'est donc revenu, puisque tu reçois ma confession, que mes brochures ayant été lues dans quelques réunions ; diantre ! c'est déjà un honneur d'être lu. ces messieurs en avaient beaucoup ri. J'ai dû penser, à première vue, que leur suffrage m'appartenait, car qui dit rire, dit avoir lu ; et, par le temps qui court, on rit peu, car on ne lit guère. Est ce la faute des auteurs, est-ce la faute du public ?.... Je croyais avoir gagné ma cause. Point du tout.

Un de ces messieurs prétend que c'est de moi qu'on a ri! Alors, bien mieux, il faut donc que l'intention que j'avais de m'amuser à leurs dépens fût bien visible pour que mon hilarité ait pu les gagner. S'ils ont ri de bon cœur, mon but est rempli, puisque par ce fait ils affirment m'avoir lu ; et, comme je te le disais, quelle présomption pour un auteur!

Quant à moi, ne voulant faire qu'un livre sérieux, ce qui ne m'oblige pas à le faire ennuyeux, j'ai préféré me débarrasser de ce pédantisme, et de tout le magasin de citations latines que beaucoup d'auteurs affectionnent et dont je pourrais farcir mes écrits tout comme un autre; j'ai délaissé, dis-je, ce que le maigre érudit croit faire avaler pour de la science, ce dont le public a toujours grand soin de se garer, pour ne t'offrir, dans un style simple et bonhomme, que le résumé complet de mes idées sur l'art.

Je prie donc les auteurs des lettres ano-

nymes dont j'ai été gratifié, d'observer, que
s'ils croient fondé le reproche qu'ils pourraient me faire de leur avoir fait acheter des
Dialogues, au lieu d'un traité pratique de la
Peinture à l'huile : Qu'avant la construction
il faut le plan ; et que s'ils n'avaient point lu
cette brochure, la suivante n'eût point été
intelligible. On peut juger après tout, à l'à-
preté de leur style, qu'ils sont peu versés
dans la critique ; et qu'ils n'ont pas assez
senti, qu'à la rigueur un mauvais livre n'é-
tait point une mauvaise action, et que telle
injure convenable à un méchant homme est
toujours déplacée à un mauvais écrivain.

Au reste, professeurs et critiques ayant fait
contre moi cause commune, il est juste que,
dans cette brochure, je leur offre en commun mes justifications, car la prochaine, de
la Peinture à l'huile, cette fois, sera entièrement consacrée à mon élève. Les voici ; soyez
donc persuadés, chers professeurs, que ce

sera toujours en badinant que je parlerai du maître, comme ce ne sera jamais sans trembler que j'aborderai le critique.

Mais je m'éloigne de mon sujet... ou plutôt n'y revenons pas. C'en est assez. Je tomberais dans le défaut reproché à bien des auteurs, de dire de petits riens sur les grandes affaires, et de faire d'immenses dissertations sur les petites,

Je suis encore, avec le plus profond respect, Lecteur,

Ton très-humble et très-obéissant serviteur,

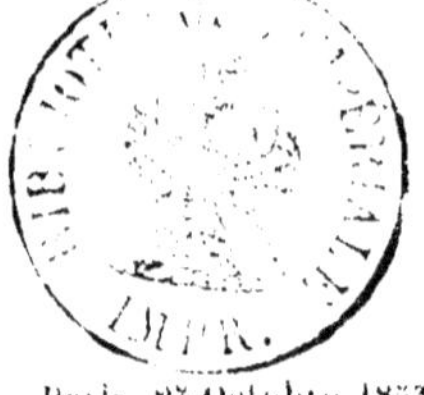

L'Auteur.

Paris, 25 Octobre 1853.

Imprimerie et Lithographie de Maulde et Renou, rue de Rivoli, 144